UNE STATUE

A

VOLTAIRE?

PAR

C. POIRÉE.

Agen.--- Novembre 1867.

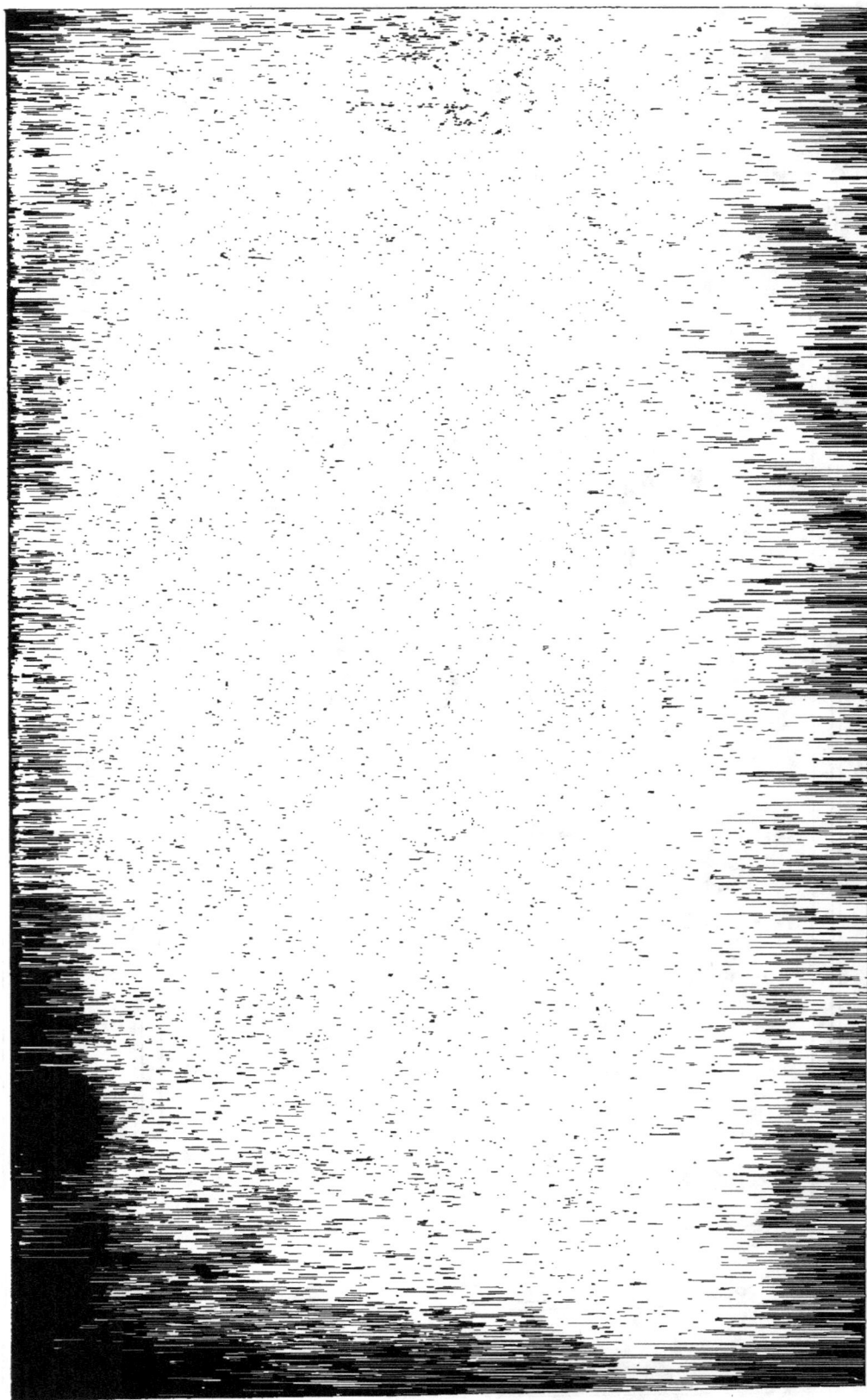

UNE STATUE

A VOLTAIRE?

J'admirai sur une de nos places publiques la statue de Massillon; je me disais qu'on ne la lui avait pas élevée pour s'être rendu garant des bonnes mœurs de l'abbé Dubois. Depuis, sur un des côtés du piédestal de toute statue, je grave par la pensée, les défauts, les défaillances, les crimes du personnage qu'elle représente. Ainsi je reproche à Louis XIV ses maîtresses, son orgueil, son despotisme, sa guerre de Hollande, d'Espagne, ses persécutions religieuses contre les protestants, les jansénistes, la révocation de l'édit de Nantes; ses constructions fastueuses, la misère du peuple suite de ses guerres d'ambition et de son luxe. A Napoléon son expédition d'Egypte, le dix-huit brumaire, le concordat, les persécutions, la proscription des républicains, des écrivains, des journalistes, ses fusillades d'Enghien, des royalistes et autres, ses guerres de conquête, de dynastie, sa trahison d'Espagne, son despotisme sous toutes les formes.

Cependant il n'est pas nécessaire de prendre toujours cette précaution dans les hommages que l'on rend à des hommes éminents qui n'ont eu qu'une idée, qu'une vertu, qu'une gloire, et dont l'image ne peut tromper les spectateurs : ainsi Vaucanson dira le génie mécanique, Kléber le courage militaire, St-Vincent-de-Paul la charité chrétienne; mais d'autres ont une physionomie plus complexe, des vertus mêlées de défaut; ils ont influé sur leur siècle d'une manière diverse; lorsque l'on les couronne il ne faut pas qu'on puisse croire que ce soit pour leurs vices.

Ainsi de Voltaire, personnage varié, divers, s'il en fut et avec lequel il faut ouvrir un compte du bien et du mal.

C'est un écrivain admirable qui traite tous les sujets avec un bonheur presqu'égal; il s'identifie avec tous les personnages, prend tous les tons, surtout celui de la plaisanterie; il est poète, orateur, historien, savant, politique, philosophe; il nous a laissé des chefs-d'œuvres dans tous les genres. Son esprit est d'une lucidité admirable; au premier abord il paraît un peu superficiel; mais en y regardant de près on s'aperçoit qu'il est aussi profond; dans les questions les plus difficiles, il met les lecteurs de son parti en les expliquant avec netteté, négligeant les parties accessoires, et vous présentant le tout avec une maligne bonhomie; il est aussi moqueur et ironique par dessus tout; il a pris les Français par leur faible; il est le continuateur perfectionné de Montaigne, Rabelais, Lafontaine; le représentant le plus vrai de l'esprit français qui recherche la clarté, la précision, qui déteste le vague, le nuageux, qui fuit l'ampoulé.

Jettons un coup d'œil rapide sur les divers aspects de ce Protée littéraire. D'abord, comme poète, il est le seul qui se soit approché du poème épique; il s'asseoit entre nos deux grands poètes tragiques, tenant le sceptre de la poésie légère, fugitive, d'improvisation.

Nous avons beaucoup de tragédies d'un mérite plus ou moins grand, nous n'avons que trois grands tragiques; plus correct que Corneille, moins pur que Racine, notre poète a plus de mouvement, plus de vie, il cherche d'avantage à plaire aux yeux du spectateur par la pompe de la mise en scène; il multiplie les incidents et sait presque toujours amener la catastrophe d'une manière vraisemblable. Ce qui le distingue surtout c'est qu'il n'écrit pas pour créer des personnages qui vivent plus tard dans l'imagination des peuples; mais il a un but connu, deviné, apparent dans chacune de ses pièces;

il vient donner des leçons d'humanité, détruire la superstition, combattre le fanatisme. Aussi répand-t-il à profusion des sentences, des tirades philosophiques. Beaucoup de vers heureux, d'expressions énergiques ont survécu à des pièces souvent médiocres.

Il veut donner du nouveau; pour obtenir ce résultat il hasarde des situations dramatiques, il cherche le sujet de ses tragédies non seulement dans le monde grec ou romain, mais aussi dans notre propre histoire : il va parcourant l'Asie, l'Afrique, l'Amérique, sans s'occuper beaucoup de nous peindre les mœurs, les idées des peuples parmi lesquels il choisit ses héros. Malgré ces voyages, ces innovations il reste tragique d'après toutes les règles qu'il respecte, qu'il invoque dans ses plus grands écarts; l'action est une, se développe dans un même lieu se termine dans les vingt-quatre heures. Son style est grave, harmonieux, gardant les convenances, évitant le mot propre pour peu qu'il soit bas; il aime les périphrases, les figures de rhétorique, les scènes ne sont le plus souvent que des conversations poétiques; en un mot il est classique, ce qui est un éloge ou une critique suivant les temps et les personnes.

Voltaire est l'esprit, la plaisanterie, l'ironie personnifiés : comment se fait-il qu'il n'ait produit qu'une pièce passable, *Nanine*, que quelques scènes agréables, le tout bien éloigné de répondre à son génie dans tout le reste; mais s'il échoue dans ce genre, il se relève avec éclat en nous donnant un poème épique, *la Henriade*.

Cet ouvrage a rendu encore plus populaire Henri IV, ce prince qui savait boire et se battre, être un vert galant, beau diseur,

> *Qui fut de ses sujets le vainqueur et le père,*
> *Qui ne décidait pas entre Genève et Rome.*

Il est rempli de beaux vers, de grandes idées, de magnifiques descriptions de batailles, de siège, même du ciel où il fait heureusement entrer les vérités astronomiques nouvellement démontrées; une foule de morceaux sont gravés dans toutes les mémoires. Cependant on ne peut pas le considérer comme une véritable épopée. Ce n'était plus le temps de ces légendes où le merveilleux se confond avec l'histoire, accepté par tout un peuple. Ici aux faits, aux événements connus jusque dans leur plus petits détails, presque contemporains, on a ajouté un placage de surnaturel, d'allégorie mélangée, qui souvent même n'est pas composé de pièces de même nature. Ainsi le poète qui a plaisanté Camoëns d'avoir introduit Vénus dans un poème chrétien, va chercher l'Amour à Cythère. La discorde personnifiée comme une véritable divinité payenne est la principale personne du poème. C'est elle qui inspire, dirige et *Mayenne, et d'Aumale, et la Ligue*; qui va chercher l'envie, qui retient Henri dans les bras de la belle Gabrielle.

Quant au merveilleux, moitié chrétien moitié philosophique, il n'est dans dans l'ouvrage que par acquit de conscience, parce qu'il en faut dans un poème épique et que Voltaire voulait en faire un; malgré ces imperfections inhérentes au sujet lui-même et au temps, *la Henriade* doit être inscrite au nombre de ses plus beaux titres de gloire poétique.

Il est reconnu que notre auteur est admirable dans la poésie légère, je viens de lire ces vers légers, charmants, malins, pleins d'à-propos, de grâce, de goût, quelquefois un peu trop légers et badins, d'une morale un peu leste; qui cependant savent prendre le sérieux comme dans les *dernières épîtres*, dans *le mondain, la loi naturelle, le désastre de Lisbonne*; la poésie reprend alors de sa force, de sa dignité; et beaucoup d'auteurs sont arrivés à la postérité sans avoir un bagage littéraire qui valut ces morceaux détachés qui comptent à peine parmi tous ses autres titres.

La poésie n'est pour lui qu'un amusement pendant qu'il s'occupe de travaux sérieux : il écrit l'histoire de son temps et nous donne un aperçu d'ensemble des siècles passés, il continue Bossuet; mais avant il refait le discours sur l'histoire universelle d'un point de vue bien différent; Bossuet ne voit que le peuple juif auquel il rattache toutes les autres nations, et trouve dans la suite des événements l'action visible de la providence; la preuve du christianisme. Voltaire viendra noyer le petit peuple juif dans les peuples appelés de tous les points de l'horizon, en fera le principal instrument de la superstition, ne verra que misères dans toute la suite de l'histoire sauf quelques grandes figures qu'il peindra avec complaisance, et ne trouvera de salut pour l'humanité que dans la philosophie qui répandra des idées de tolérance, de douceur, de bienveillance dans la société et entre les peuples, et qui dégagera par ses lumières les ténèbres dans lesquelles la raison se trouve encore plongée.

Dans cet ouvrage il est clair, précis, ne cherche pas les grands mots, n'a pas de prétentions à des vues extraordinaires sur les destinées des peuples et des races. Il a bien quelques mouvements d'indignation contre les grands crimes, surtout religieux, mais en général il voit passer sous ses yeux toutes ces guerres, ces malheurs avec un sourire moqueur, compâtissant aux faiblesses humaines

Voltaire est un savant, non pas de ceux qui inventent mais de ceux qui divulguent, mettent à la portée de tous les grandes découvertes faites par les autres, ainsi il est le prôneur infatigable de Newton, de son système et des découvertes qui honorent son époque.

Il est philosophe aussi, n'ayant pas d'aperçus bien profonds ni bien nouveaux, mais saisissant ce qu'il y a de plus clair dans les systèmes, le présentant sans emphase, avec précision d'un point de vue un peu vulgaire et superficiel.

Mais surtout il est pamphlétaire infatigable, non pas précisément en politique, mais en choses religieuses, ayant son mot piquant, audacieux à dire sur toutes les questions, sur tous les faits qui se présentent pendant sa longue carrière.

Il est encore chroniqueur, journaliste littéraire et religieux. Ses lettres écrites aux rois, aux littérateurs, aux savants, aux gens d'étude, de poésie, mieux que les journaux de l'époque saisissent, discutent tous les faits qui font du bruit dans la poésie, l'éloquence, les affaires des rois et du clergé, les controverses philosophiques et religieuses; il est le feuilleton de nos journaux qui qui essayent de prendre son ton, ses allures, sa perpétuelle moquerie.

Nous puiserons hardiment dans cette correspondance : ses lettres ne sont pas les épanchements secrets du cœur, dès le premier moment elles ont eu une publicité de confrérie plus ou moins mystérieuse et transparente, et depuis longtemps, même de son vivant, la grande publicité de l'impression et l'histoire.

Ainsi armé de la puissance de l'écrivain, pour quelle cause va combattre Voltaire, quelle idée va-t-il propager, quels seront ses ennemis et ses auxiliaires?

Il est philosophe : *J'aime passionnément la philosophie qui tend au bien et non pas l'autre* (49. 477) (*), le premier devoir de cette philosophie *est d'aimer son roi et sa patrie* (11, 332), il ne manque pas à ce devoir, il est bon français, il écrit l'histoire de son pays avec affection, il rend justice à des personnages pour qui ses sentiments philosophiques ne devaient pas lui inspirer beaucoup de tendresse; il dit de St-Louis : *Il n'est pas donné à l'homme de porter plus loin la vertu* (13. 127), sans doute il ne prête pas à Jeanne d'Arc la céleste et grande physionomie que l'on lui a faite de nos jours. Mais il ne peut s'empêcher de s'écrier : *l'héroïne champêtre qui sauva la France et à qui l'antiquité aurait élevé des autels* (26. 436); il a poétisé la figure d'Henri IV, l'a rendue populaire plus que n'auraient pu le faire sa bravoure, ses bons mots, ses maîtresses; enfin il a élevé à Louis XIV un monument qu'il a surtout entouré de la gloire littéraire et des beaux arts. Il est fier de cette gloire pour la France; il la montre à toute l'Europe, la voit avec joie s'y répandre; contribue plus que personne à la faire admettre auprès des rois, des grands, des savants, par son enthousiasme, sa persistance; il met notre langue à la mode : le roi écrivain, le fondateur de la puissance de la Prusse, abandonne l'allemand pour écrire prose et vers en français.

Quant à lui, il conserve les grandes traditions du langage, et lorsque les idées nouvelles se font jour, qu'il les adopte lui-même avec vivacité, il cherche à maintenir la fougue des écrivains qui débordent en saillies, en nouvelles expressions que sa pureté désapprouve.

Il aide de ses conseils, de son appui les jeunes écrivains qui se montrent; il accueille Florian, Marmontel, St-Lambert, Delille; il partage les travaux et aide à la réputation de Diderot, de Dalembert.

Il cherche de nouvelles voies aux esprits : avant lui on ne connaissait que la littérature espagnole; il étudie celle de l'Italie, en rapporte une grande admiration pour

(*) Le premier chiffre indique le volume, le second la page de l'édition des œuvres de Voltaire, par Armand Aubrée, Paris. 1830.

l'Arioste; il traduit, commente les poètes, les écrivains, les savants anglais, il les imite en nous rendant leurs beautés familières : il voudrait que chaque nation par un échange continuel agrandit ses pensées: « par des » observations mutuelles entre les nations il y aurait un » goût général (9. 336) » Il va sans dire que dans sa pensée intime cette idéal, ce modèle est tout trouvé; c'est le goût français.

Mais il a été surtout nourri des anciens ; il conserve pour ses premiers maîtres un souvenir de reconnaissance; aussi voudrait-il l'affranchissement de la Grèce et de Rome. « Je vous dirai que ce lâche esclavage de » l'Italie me fait horreur (46. 101). J'aurai toujours une » dent contre les turcs qui ont ravagé la Grèce entière » (50. 37) » Il excite, supplie Catherine de la délivrer, pour un tel ouvrage ce n'était pas à elle qu'il fallait s'adresser; il n'y aurait eu qu'un changement de despotisme, mais les peuples ont mieux fait; ils ont travaillé eux-mêmes à la délivrance; c'est presque fini en Italie, et cela continue en Grèce.

Si le philosophe aime son pays il embrasse tous les hommes dans une philosophie souriante; il leur donne une morale douce et facile; abandonnez-vous aux charmes de l'amour, suivez les penchants de l'amitié dans une société polie, éclairée; jouissez des plaisirs des sens que peuvent procurer l'industrie, les beaux arts dans une civilisation avancée; cultivez votre esprit, vos talents pour apprécier les chefs-d'œuvre qui vous environnent dans les palais, les monuments publics; délassez-vous, par la représentation des ouvrages où la poésie, la musique vous énivrent en même temps que les beaux vers, les grands sentiments vous élèvent : par la lecture de ces savants, de ces poètes, de tous ces grands écrivains qui vous ont préparé les jouissances les plus pures; rassemblez dans vos maisons, dans vos palais, portez sur vous toutes ces charmantes bagatelles que le luxe a inventées pour flatter les regards, aider la mollesse, embellir la beauté. (10. 407).

Tous sans doute ne pourront arriver à cette vie de luxe heureux, alors il faut se contenter du plaisir que l'on a à sa portée, ne pas désirer au-delà parce qu'en définitive les plaisirs sont à peu près les mêmes pour

tous, quel que soit le rang, la fortune de chacun (11.38).
Mais surtout n'en abusez pas, soyez modéré dans vos
jouissances; l'excès gâte tout, empoisonne les meilleures
choses (11. 30).

Afin que cette vie heureuse soit possible pour un plus
grand nombre, il faut aider au progrès, par des améliorations matérielles et morales que notre philosophe
prévoit, encourage, qu'il commence suivant ses forces
et dont un grand nombre ont été exécutées depuis.

Ainsi « Je voudrais que nous nous eussions de l'eau à
» Paris (48. 391). Je ne veux pas que l'on enterre dans
» les églises, ni même près de ces monuments (10.328-
» 36. 83).

Il demande l'unité des poids et des mesures, et surtout
celle de la justice (29.40).

Il avait acquis une immense fortune, il en fait un
noble usage, répand des bienfaits autour de lui, sur des
gens de lettres, sur des persécutés, même jésuites ; il
tient table ouverte, grande maison où il accueille tous
les gens distingués par leur fortune, leur esprit; il a
bâti des chaumières, des manufactures, des églises, des
palais, des théâtres où il fait jouer ses pièces pour le
plaisir des amis, des admirateurs, de Paris et de Genève,
de l'Europe voyageuse.

Mais surtout il est préoccupé de l'agriculture; il dé-
friche un pays inculte, sème, plante, le peuple, propose son exemple à tous, les excite, les encourage.

« Ces colons rassemblés, ouvrage plus chéri (9. 426),
» l'agriculture en chassant l'indigence assure le bonheur
» (9. 412). » Il engage les seigneurs à vivre comme lui
sur leur terre. « Il vaut mieux fertiliser sa terre que de
» se plaindre à Paris (6. 88). » Il se fâche de ce que l'on
fait contre l'agriculture : « Je gémis sur les déprédations
» des forêts (48. 450), » les douaniers ravissent « aux
» citoyens le pain que je leur donne (9. 427), » mènent
les paysans aux galères; « c'est ainsi qu'on travaille en
» finance (10. 374). » Il veut que ceux qui gâtent les
chemins les réparent (51. 123), il s'indigne contre les
trop grands travaux créés dans les villes et les résultats
nuisibles à l'agriculture qu'ils entraînent après eux
(45. 250).

« Le fils de mon manœuvre est devenu laquais

» (9. 427), » il demande la suppression du trop grand
nombre de fêtes (23. 135-46. 148; quand Turgot sup-
prima la corvée « on cria *Hosanna* (51. 24.) Ne souffrez
» pas chez-vous la mendicité (23. 93), *il est bien étrange*
» *que l'on souffre* des habitants qui ne peuplent ni ne
» travaillent pas (29. 21) ». Ceci est contre les moines
« qui abusent de la liberté de disposer d'eux-mêmes
» (18 37). » Ces deux derniers articles sont un peu
sévères, et contraires à la liberté; il fallait dire : ne les
favorisez pas.

Passant à une autre ordre d'idées, il veut le soulagement de l'humanité. « Etablissez des maisons pour
» les enfants exposés (23. 158) »; il paraît que l'œuvre
de Vincent de Paul n'était pas encore achevée. Par ses
écrits, ses lettres aux grands, par tous les moyens de
publicité il veut répandre la pratique de l'inoculation
malgré les préjugés qui se soulèvent (21. 40).

Viennent les améliorations morales. Il demande avec
ardeur par des considérations générales, par des motifs
particuliers, l'abolition du servage, de la main-morte
(23. 317-354 — 29. 236 — 49. 475 — 50. 110).

Il ouvre l'attaque contre les droits féodaux (39. 409);
il ne veut plus du droit d'aînesse (8. 914 — 45. 250), ni
du privilgée de la chasse (45, 250); les impôts sont mal
répartis, ils ne doivent frapper que sur les riches; les
douanes intérieures doivent être supprimées (29. 23).

Il ose braver l'honneur « dites le préjugés (5. 15). »
Ainsi il dédie Zaïre à Falkener, négociant anglais
(2, 404), quel est l'homme en effet « le plus utile, le
» courtisan poudré ou le négociant (21. 39), » A propos
de Mlle Clairon il défend les grands auteurs, il convient
cependant que les autres ne doivent être que tolérés
(3. 411).

Il raille les défenseurs du duel et de l'adultère
(23. 211).

Après cela il s'en prend aux lois et à la magistrature.
« Les magistrats ont le droit de juger les coupables pour
» l'avoir acheté, et ils ont condamné Calas! (11. 342). »

Le jugement surtout criminel ne doit pas être secret,
les débats qui l'ont précédé non plus (23. 195 — 51. 19).

Il a horreur de la torture qui arrache des aveux de
culpabilité à l'innocent (17. 570 — 29. 167 — 36. 391).

Il faut adoucir les punitions; qu'on supprime la peine du fouet (35. 396), que l'on rende les peines utiles à la société et au condamné lui-même ; ne pourrait-on même abolir la peine de mort, du moins la rendre moins fréquente, ne pas l'appliquer aux vols (23. 210-175).

Tout le monde sait et admire l'ardeur, la persévérence qu'il met à poursuivre la réhabilitation de Calas, de Sirven, de Lally Tollendal, poursuivis par les passions, le fanatisme, par des ennemis puissants. Ces malheureux avaient été victimes d'erreurs judiciaires que la mauvaise procédure de ce temps rendait plus faciles, que toutes nos précautions législatives n'empêchent pas entièrement de nos jours. Pour prévenir les malheurs irréparables qui en résultent, il demande que « comme en Prusse et » en Angleterre, on n'exécute pas sans la permission expresse du roi (47. 437), » son vœu a été exaucé ainsi que celui de l'établissement d'une justice de conciliation « pour les procès, comme en Hollande (23. 409). »

Mais à l'encontre de ces améliorations qu'il propose, au progrès de cette morale facile et douce qu'il propage, il lui semble qu'il trouvera un obstacle invincible dans les idées religieuses qui annoncent une doctrine plus sévère, dans un clergé surtout dont les sommités les moins édifiantes sont les moins tolérantes. Au moment de commencer l'attaque, il demande des sûretés à la liberté de la presse (9. 454), il ne veut pas toutefois que cette liberté dégénère en licence. Il n'a peut-être pas su toujours, dans la mêlée, conserver cette limite, et nos législateurs font des efforts répétés pour la trouver, tant elle est vague et indécise !

Dès ses premiers pas il commence la campagne par un vers fameux :

« Les prêtres ne sont pas ce qu'un vain peuple pense :
» Notre crédulité fait toute leur science (2. 96)
» Il fallut succomber aux superstitions, roi des nations
» (2. 369). »

Et depuis avec quelle ardeur, quelle audace, quel succès il raille, démasque toutes les erreurs qui ont obscurci l'esprit des peuples ; avec quelle vigueur, quels sarcasmes il dépeint les malheurs causés par le fanatisme, l'intolérance, depuis l'inquisition, les guerres religieuses, jusqu'aux régicides et au supplice de Labarre

(20. 371); il ne dédaigne pas de se moquer des petites superstitions, des petites pratiques, des petites dévotions, assez innocentes par elles-mêmes, mais qui font rejaillir le ridicule sur des choses plus graves.

Après avoir retracé tous les maux engendrés par le fanatisme il est bien venu à prêcher la tolérance, à dire « ne vous mordez plus pour d'absurdes chimères (9. » 437) » « Enfants du même Dieu, du moins vivons » en frères (11 72) » chef indomptable, secondé par d'innombrables adeptes depuis l'échoppe jusqu'au trône, il peut dire à la fin de sa carrière : « J'ai fait tout ce » que j'ai pu pour étendre l'esprit de tolérance, (45 » 109), désormais, en ne fera plus brûler les gens pour » un peu de philosophie (42 296). » Heureux s'il avait pu ajouter : on ne tuera pas les gens pour un peu de religion ! mais nous n'en étions point encore arrivé là.

Il a vaincu les prêtres, maintenant, il se retourne contre les rois qu'il flattait pour qu'ils l'aidassent dans la guerre à l'intolérance.

« On a fait l'histoire des rois, on n'a pas fait celle » des nations (43. 216); » il blâme les poètes « d'avoir » loué le débauché Auguste. *Clementiam non voco lassam* » *crudelitatem.* A quels mortels grands dieux livrez-vous » l'univers (6. 453); » il grave sur une estampe repré-sentant des gueux : *Rex fecit* (39. 455).

« Quiconque a le pouvoir en main, voudrait crever » les yeux de ceux qui lui sont soumis (47. 446); » « dix-huit millions à parier contre deux qu'un roi sera » un pauvre homme (39. 457); » « mais l'esclave d'un » roi va voir enfin des hommes (2. 284); » « d'un roi, » né mon égal puisqu'enfin il est homme (3. 359). »

« O mon auguste épouse, ô noble citoyenne,

« Ce peuple vous chérit; vous êtes plus que reine. (7. 466). »

« Qui sert bien son pays n'a pas besoin d'ayeux (2. 359.) » Pourquoi-donc garder des nobles ?

« Portant de l'épaule au côté des rubans que la va-» nité a tressés de sa main brillante (9.400; » « Ne » sommes-nous pas cent contre un (6.165) »

Quant à la forme de gouvernement, la république est le meilleur. « Un républicain aime mieux sa patrie » parce que c'est son bien (23.16) » et la liberté « O

» portait devant elle ces piquets et ces dards qu'elle
» brisa (9.400). »

Mais c'est surtout comme cause et auteur des guerres
que Voltaire se déchaîne contre les rois.

« Ce voleur qui méritait la roue, s'est vu dresser des
» autels (23.140). » « Les gens qui se font tuer pour
» ces messieurs, sont de terribles imbéciles (54.30). »
« Car les soldats et les généraux ne savent pas pourquoi
» ils se battent (36. 82, 170). » « Tous les fléaux de la
» nature sont moins funestes que les discordes de rois;
» vous êtes des assassins mercenaires armés pour des
» maîtres ingrats (10. 311).

Cependant les nations se font aussi la guerre, et alors
on appelle « ces meurtres glorieux (23.207). » « C'est
» honteux pour l'humanité, que deux nations éclairées
» se coupent la gorge en Europe pour quelques arpents
» de glace en amérique (45. 14) » « Il ne revient rien
» aux hommes de cent batailles gagnées; mais les écri-
» vains ont préparé des plaisirs purs et durables (42.
» 334). »

Et les philosophes aussi, lorsque comme vous ils ont
détruit l'erreur, prêché la tolérance, l'humanité. Ils
peuvent alors se donner le témoignage que vous vous
rendez. « J'ai fait un peu de bien c'est mon meilleur
» ouvrage (9.460). » « J'ai eu cette charité pour le
» genre humain, car pour moi je serais content de mon
» partage (45.32). » « Pour Sirven opprimé, je deman-
» dais justice (9.432) » « C'est en me dévouant pour
» venger l'innocence, que je veux finir ma carrière (50.
» 400 et 5). » « Le mourant ressuscite en apprenant la
» réhabilitation de Lally Tollendal (51.304). »

Voltaire, voit déjà le résultat des efforts des philosophes, des savants, des économistes; il prévoit les progrès
de l'humanité. « Ne pourriez-vous pas me dire ce que
» produira la révolution qui commence (54.265). »
« Vous verrez ces beaux jours, vous les ferez : cette
» idée égaie la fin de mes jours (49.478). » « Je ne les
» verrai pas, j'en vois l'aurore (51. 34). »

Quel est donc ce grand jour qui se lève? c'est celui
de l'humanité où l'on verra « cette grandeur d'âme qui
» fait le bien et pardonne le mal; sentiments tant re-
» commandés par les sages de l'antiquité, épurés dans

» notre religion (3.250). » S'il attaque les ministres de cette religion « Dieu ne doit pas pâtir des sottises du » prêtre (9. 436). »

« Les sages ont adoré, tous, un maître, un juge, un » père. »

» C'est le sacré lien de la société (9. 436). »

Et cette croyance en Dieu « n'a pas besoin de recher- » ches scientifiques ; » (on dirait de nos jours positi- vistes) « où en serait le genre humain s'il fallait être sa- » vant pour connaître celui qui nous a créés (44.271). » « Nous adorions tous deux le Dieu de l'univers, car il » en est un (9.507). » « Tout annonce de Dieu l'éter- » nelle existence (9.509). » « L'univers m'embarrasse, et » je ne puis songer que l'horloge s'est faite sans horlo- » ger (10.486.491.) »

« Toute la nature grava l'être suprême (5.342). »

« Si Dieu n'existait pas, il faudrait l'inventer (9.436 » 49.482). »

Mais ce n'est pas tout d'avoir un Dieu ; il faut con- naître ce qu'il est : si c'est un Dieu vivant, un Dieu providence.

« Je ne voudrais pas de fatalisme (43.207). » « Il y a » un Dieu et un Dieu juste (23. 84). » « Il y a sur la » terre du juste et de l'injuste (34.92). » « Dieu étant » juste, récompensera le bien et punira le mal (23.42). »

« Ils ont adoré tous, un maître, un juge, un père (9.436). » « L'homme est libre (11.11), autrement il » n'y aurait ni vice, ni vertu (52.90). »

« Le ciel fit donc la vertu (11.65); la conscience doit » nous guider (11.66). (4.431 — 29.308). » « La cro- » yance d'un Dieu rémunérateur est la plus utile du » genre humain (37.120). » « Qui est le plus utile à la » société ? Croire en Dieu et à l'immortalité de l'âme » (32.436). » « Je veux que mon procureur, mon tail- » leur, ma femme croient en Dieu ; j'en serais moins » volé et moins cocu (29.284). » « S'il n'y avait point » de Dieu, tes enfants, à ta voix seront-ils plus dociles » ta femme plus honnête ? (9. 436). »

« Rois, mon vengeur est au ciel apprenez à trembler » (9.436). »

Il combat l'optimisme qui veut que tout soit pour le mieux dans le meilleur des mondes possibles.

« Il faut que les gens aient le cœur bien dur pour
» s'occuper d'autre chose que du malheur de Lisbonne
» (44.475). » « Et si vous dites que cela est ainsi parce
» que c'était écrit, quel exécrable soulagement de dire
» à des malheureux persécutés, tout est bien (26,358). »
« Non tout n'est pas bien ; mais tout sera bien un jour
« (11.87). » « L'esprit périra-t-il ? Dieu n'anéantit pas
« ce qu'il daigne éclairer (9.311). » « Espérons de
» beaux jours ? Où et quand, je n'en sais rien (29,306). »
« Mais l'homme est émané des cieux pour l'immortalité
« (9. 508). » « Donnez-donc un essor à votre âme im-
» mortelle (11.310). » « Il faut croire à une vie meil-
» leure qui sera le développement de notre nature (26.
» 358). »

Dans ce dernier passage, il exprime avec bonheur,
avec clarté et précision, ce que la croyance au progrès
continu de l'humanité a fait voir à la raison moderne.

Il était dans ces dispositions, lorsqu'on lance le système de la nature : grande colère. « C'est un cahos
» (50.44). » « C'est un livre qui conduit à l'Athéisme
» que je déteste (48.217). » « Il indigne tous les gens
» sensés (49.470). » « Il a fait un mal irréparable
» (49.478). Il prétend que la matière seule existe, pour
» avancer une idée si étrange, il faudrait l'appuyer sur
» quelques principes (50.488). » « Il y a de l'absurdité
» à faire naître des êtres intelligents du mouvement et de
» la matière qui ne le sont pas (54.360). » « Il est fondé
» sur une fausse expérience (49.470). » « On prétend
» avoir vu naître des anguilles de la farine fermentée.
» On veut que des marsouins naissent les hommes
» (51.138). » Aujourd'hui nous descendons des singes : c'est un progrès.

« Ce livre a perdu la philosophie dans l'esprit des
» pères de famille qui sentent combien l'athéisme peut
» être dangereux pour la société (54.366). » « Les
» athées peuvent être partout, mais jamais un gouver-
» nement ne le fut par principe (20.388). » « J'ai tou-
» jours regardé les athées comme des sophistes impu-
» dents (51.23). Un fanatique est un loup enragé qui
» égorge publiquement, l'athée commettra tous les cri-
» mes secrets, comptant sur l'impunité (10.508). »

» Etre gouverné par des athées, autant vaudrait par
» des dieux infernaux (26.369). »

Enfin, au moment de mourir, on lui présente le fils
de Franklin ; il le bénit au nom de Dieu et de la liberté
(51.298). C'est bien finir. Aussi il est entré le premier
au Panthéon ; il devait y rester. Qu'on lui élève donc
des statues.

Mais n'y aura-t-il aucune réserve à faire à l'hommage
qu'on lui rendra ? Malheureusement il n'y en a que trop.
Nous allons les indiquer.

Parlons d'abord, des imperfections des faiblesses de
ce merveilleux génie, non pas pour les lui reprocher
mais pour le peindre tout entier.

Nous l'avons vu faire un noble usage de son immense
fortune ; elle avait commencé avec son patrimoine
agrandi du produit de ses œuvres ; rien de mieux ; mais
aussi mêlé avec les grands il avait su agioter sur les actions de l'époque, se faire donner par d'Argenton une
part dans les fournitures de l'armée, il ne dédaignait pas
une pension du roi de 2,000 livres qu'il sait conserver
comme gentilhomme de la chambre (44.74). » La reine
» lui donne 1,500 livres de rente ; c'est un achemine-
» ment 42.110. » Au moment d'une persécution qu'il
éprouve il a quelque velléité d'y renoncer ; mais il se
ravise bientôt. Il sait faire ses conditions avec le roi de
Prusse ; il place à rente viagère sur sa triste mine, et
jouit en vieillissant de faire enrager ses débiteurs. Il fait
des affaires avec les princes qui ne sont pas très-bien
dans les leurs ; tout en les flattant il parvient à se faire
payer. Au moindre retard avec les petits il parle d'huis-
sier ; mais non avec un Richelieu, un duc de Guise
(43.17) » Ne laissons rien languir, il faut plaider. » En
un mot, il est homme d'affaires délié, comme grand
écrivain. Cela a pu lui donner un air de dureté qu'il n'a-
vait pas. Sa nièce lui écrit : » Le chagrin vous a tourné
» la tête ; peut-elle vous gâter le cœur ; l'avarice vous
» poignarde (44.320). »

Je ne le crois pas : il voulait être riche d'abord pour
jouir des plaisirs que donne la fortune; pour être indé-
pendant; aussi faire sentir sa domination, répandre des
bienfaits surtout quand ils devaient être éclatants. Ainsi
il dote la petite nièce du grand Corneille qui lui est re-

commandée en beaux vers par un poète; il commente à
son bénéfice les œuvres de l'oncle; il envoie des pros-
pectus, des réclames à tous les grands de l'Europe;
mais lorsque les vrais descendants de Corneille lui arri-
vent, il comprend qu'il a déjà fait assez de bruit; aussi
il les éconduit assez lestement en plaisantant sur la bizar-
rerie de la destinée qui donne la fortune à la petite
nièce, et laisse la misère aux petits fils (46.492.495).

C'est qu'il aime par-dessus tout le bruit, l'éclat; il
n'a peut-être pas assez de susceptibilité pour ce qui lui
en donne; il n'a pas l'air trop fâché que Prévost lui demande de l'argent pour faire son éloge (43.242).

Son amour-propre littéraire l'entraîne loin; lorsque
l'on le flatte, on obtient tout de lui; il se forme une
cour d'écrivains qu'il annonce, qu'il prône, qui sont
restés complètement inconnus; ainsi des Cideville,
Thériot, Linant, et quant à ceux qui ont laissé un
nom, il surfait leur mérite :

« La Harpe doit régénérer le théâtre; *sub pedibus vi-*
» *det nubes* (51.48); » « Saint-Lambert est trop
» vanté par Voltaire qu'il vante; Dalembert est plus
» grand que Platon. »

D'un autre côté on peut quelque fois surprendre
comme une espèce de malveillance envers les écrivains
qui sont à sa hauteur, ainsi lorsqu'il commente les pensées de Pascal, l'esprit des lois de Montesquieu, les tragédies de Corneille, lorsqu'il se moque des coquillages
de Buffon, fondant une science qui doit renouveller l'histoire naturelle.

Ce n'est pas à la jalousie contre la gloire des écrivains que l'on peut attribuer quelques jugements un
peu sévères, mais à son goût trop exclusivement classique. « Dans la famille d'Atrée doit se forger le poignard
» de Melpomène (8.4). » « Les français seuls entendent
» les convenances théâtrales (2.419) » mais pas tous,
car il ne trouve que quelques belles scènes dans Corneille qui « perdra toujours, tandis que Racine gagnera
» (47.207). »

Il apprécie encore plus durement le Dante, objet d'admiration de nos jours; il le trouve un poète stupidement
extravagant (43.103). Sa verve s'exerce surtout contre
Shakespeare; le poète anglais « a réuni ce qu'il y

» a de plus grand, de plus bas, de plus détestable
» (4.430 — 39.387) » et pour le prouver il en traduit
des passages avec une exactitude perfide, de manière à
faire rire son lecteur; et c'est ce parti pris de railler, de
plaisanter, qui l'empêche de saisir bien des beautés dans
ces écrivains étrangers, qui lui fait passer à côté de
grandes choses, de belles découvertes, pour rire des co-
quilles que les pélerins et non le déluge ont laissées sur
les montagnes.

« J'ai pris les deux hémisphères en ridicule: C'est à
» coup sûr (44.365). » « Rien n'est plus doux que de
» rire des sottises des hommes (46.67). » Et il rit de
tout, du sacré et du profane, de lui-même, de ses actions,
de ses ouvrages, de sa vieillesse, de sa maladie, de ses
infirmités. Ces plaisanteries cent fois répétées, renouvel-
lées avec esprit sont charmantes; cependant continuées
pendant de longues années et de nombreuses lettres elles
perdent de leur charme.

On conçoit que quelquefois en passant dans l'histoire,
plus souvent dans le roman, le pamphlet, les ouvrages
légers, on égaie son lecteur; mais que pendant le cours
de toute une vie d'écrivain on n'ait d'autre but que de
rire et de se moquer, cela devient fatigant; d'autant
plus que cette figure de Voltaire, souvent si gracieuse,
au sourire si expressif, si bienveillant, devient méchante,
bouffonne, sarcastique; je dirais diabolique quand il fait
les actions, dit les choses que nous lui reprochons; quand
d'abord il attaque les écrivains ses confrères.

PREMIER GRIEF.
Voltaire insultant les gens de lettres.

Moi, vieil apprenti écrivain Welche, de plus gascon,
m'attaquer même de si loin à ce puissant génie, il y a de
quoi frémir; mais je me rassure: Arouet va porter la parole contre Voltaire.

Pour expliquer, atténuer la violence de son langage
contre les écrivains, on l'a représenté comme une victime persécutée; oui, il est mis à la Bastille sous le Régent,
exilé à l'occasion de sa dispute avec Rohan, molesté par
le clergé; mais que lui avaient fait les gens de lettres?
D'ailleurs au moment de ses plus grandes fureurs il dit:

3

« On ne m'empêchera pas que je sois le plus heureux des
» hommes par ma fortune, ma situation, mes amis
» (43.216). » « Le garde-des-sceaux, Richelieu, m'ont
» rassuré sur les persécutions (42.332). » « Le roi m'a
» conservé ma charge de gentilhomme (39.323). »

Comment donc cet homme puissant va-t-il se préoc-
cuper « d'une demi-douzaine de gredins qui aboyaient
» contre lui (7.3). » « Les excréments de la littérature ?
» (1.175). »

Je ne connais presqu'aucun des écrivains attaqués ;
je ne prends pas la peine de juger leur conduite, de la
disculper ; j'admets les imputations qu'il leur fait ; elles
ne méritaient pas le débordement de colère que nous allons entendre.

Jean-Baptiste Rousseau a dit de Voltaire qu'un jour
dans une église il ne se tenait pas d'une manière conve-
nable ; il attaque en vers, en prose, ses œuvres et sa
personne ; après quoi il s'écrie : « Vous voyez » que je
hais Rousseau ; mais qui ne sait haïr ne sait » aimer
(42.242). » Jean-Baptiste essaye de se réconcilier : « Un
coquin comme lui ne trouvera pas la voie » de mon
cœur (43.426). » « Il se fait dévot ne pouvant pas
être honnête homme (39,426). »

Nonotte a fait des remarques plus ou moins fondées,
plus ou moins malveillantes sur ses ouvrages (10.511).
Aussitôt « Nonotte écrit d'un style de Crocheteur
(11.250). » « On l'a trouvé en culotte et veste déchirée
dansant avec » deux filles de quinze ans (11.267). »
« Peux-tu avoir un ami, Nonotte ; ignores-tu que les
libelles sont punis des galères (39,294). »

L'abbé Desfontaines était à Bicêtre. Voltaire l'en fait
sortir ; la faute qui l'y avait fait mettre n'était pas grave
sans doute, car aussitôt ils sont d'une grande intimité
« et vous, mon cher Desfontaines, je ne puis m'accou-
» tumer à vous voir négligé (42.112). »

L'abbé a montré quelque lettre, quelque satire qui
pouvait regarder notre auteur à Thiriot, ami commun
(43.128). Celui-ci ne prenant pas assez vivement le parti
de Voltaire « c'est une âme de boue (43.153). »

Intervient une réconciliation « Desfontaines a trop de
» mérite et m'a trop d'obligation pour que je veuille
» être son ennemi (42.357). » Mais brouille nouvelle ;

alors « je suis fâché d'avoir sauvé Desfontaines de la
» Grève (42.346—38.322). » « Coup de fouet à cet âne
» incorrigible (43.78). » « Il est brulable, pour avoir
» dit que la mort de César ne devait pas être représen-
» tée (42.354). » « Il est venu de Sodome à Bicêtre
» (11.305). » « Aussi infâme avec ses ramoneurs qu'a-
» vec ses feuilles (23.245—38.322—43.38). » « Où a-
» t-on mis ce chien enragé? (42.411). »

Maupertuis « est son aimable maître à penser
» (42.263). » « J'ai du respect pour votre génie; je vous
» aimerai et admirerai toute ma vie (43.3). « Je serai
» content si j'apprends à bégayer les vérités que vous
» apprenez aux sages (43.23). » « D'un coup de votre
» massue d'Hercule, écrasez les tourbillons de Descartes
» (43.57). » « Vous et Mme Duchatelet, vous êtes deux
» astres; vous allez honorer la cour du roi de Prusse;
» C'est quelque chose d'un peu mieux que Platon
» (43.256). »

Et après toutes ces flagomeries, pour je ne sais quelles
querelles de ménage à la cour de Prusse, il le baffoue,
le vilipende, le persiffle sous le nom du docteur Akakia
(37 234)—(39 129).

Labaumelle aurait donné une édition travestie de la
Pucelle; Voltaire aurait subi ainsi les inconvénients du
parti qu'il a pris de donner la plus part de ses ouvrages
sous le voile de l'anonyme, ou de nom supposé : « Il ne
» faut rien donner sous son nom ; je n'ai pas fait la Pu-
» celle, celui qui le dit est un calomniateur (46 988) »
Les nécessités de la polémique pouvaient peut-être lui
servir d'excuse; toutefois beaucoup d'ouvrages aussi
agressifs que les siens étaient publiés sous le nom de
l'auteur; et par ces faux-fuyants il s'est trouvé dans des
situations fâcheuses, en voici un exemple : le même Labaumelle a publié une édition du siècle de Louis XIV,
sous le voile aussi de l'anonyme, avec des notes inju-
rieuses pour ce roi et les grands de la Cour. Voltaire
prend parti pour son œuvre défigurée et pour les princes
attaqués :

« Pour gagner vingt louis, ce fou de Labaumelle
« Insulte de Louis la mémoire immortelle (9.467). »
« Ignorant, infâme calomniateur; et de qui? de
» Louis XIV et de Louis XV, il méritait les galères

» (35.114). » « Il se dit citoyen de Montmartre ; il mé-
» rite d'être citoyen d'une chiourme (45.41). » « En
» s'élevant contre les rois l'Arétin y gagnait des chaînes
» d'or, aujourd'hui elles sont d'un autre métal
» (44.155). »

Fréron est un critique des œuvres de notre auteur ;
quel méfait particulier a-t-il à lui reprocher ? Je n'ai pu
le deviner. Lui-même ne l'a ni vu, ni lu, ni connu
(48 272) et c'est pourtant un des plus maltraités : « C'est
» un chien fessé dans la rue (45.44), » « un aliboron
» (36.487), un gros cochon (36.229), » « de chardon
» couronné (9.434) » « dans un bourbier, poltron, po-
» lisson, hué, baffoué, fustigé, se carrant dans la boue
» (9.419), » « servant le roi sans gages à Toulon (9.424),
» allant aux galères, bon pour garnir les branches d'un
» poirier (10.255) ; » « frelon, on écrase cet insecte or-
» gueilleux (11.18) ; » « vermisseau, fils du prêtre
» Desfontaines (10.414 — 37.487) ; » « né dans un...
» (11.224). » « Qui pourrait souper avec Fréron (9.438) ; »
» il te louerait pour de l'argent comptant (9.445) ; »
» « l'opprobre de la société dont on ne prononce le nom
» qu'avec horreur (48.279) ; » « s'enivrant avec ses garçons
» empoisonneurs. »

« Il est honteux qu'on laisse aboyer ce chien qui at-
» taque une ode de Lebrun (46 61). » « Qui enfin mal-
» traite sa femme, et mène son beau-frère la corde au cou
» en prison (54 346). » « L'avocat plaidant pour lui se fait
» le recéleur de Cartouche (48 331). » « Pourquoi per-
» mettre que ce coquin de Fréron succède à Desfontaine.
» Cartouche à Raffiat ? est-ce que Bicètre est plein
» (44 10). » « Un homme a fait un enfant à sa fille et
» l'a tuée, c'est sans doute un parent de Fréron, ou de
» l'abbé Sabatier (50 359). » Enfin pour compléter
» ces insolences, lisez l'Ecossaise (6).

Jean-Jacques Rousseau est l'écrivain sur lequel Voltaire
s'est le plus acharné. Ici nous avons les pièces du procès, nous pouvons juger. Ami du luxe et des arts,
Voltaire veut introduire le théâtre à Genève ; Rousseau partisan d'une espèce d'austérité républicaine veut
s'y opposer. Où sont les torts ?

« Vous avez corrompu Genève pour prix de l'asyle
» qu'elle vous a donné, dit l'un (46.98). » « M'em-

» pêcher d'avoir un théâtre à Tournay, s'écrie l'autre,
» je ne lui pardonnerai jamais (54.103); » « il a usé
» de moyens infâmes pour subvertir sa patrie (47.357).

Mais lui, Voltaire, qu'a-t-il fait pour détruire son adversaire? Peu scrupuleux sur les ouvrages anonymes, il lance un libelle où, sous le nom du citoyen de Genève, il l'accuse de vouloir détruire la religion chrétienne; d'avoir fait mourir la mère de la femme qu'il traîne après lui, d'avoir exposé les enfants de cette malheureuse; et il le menace du sort des séditieux (39.271). Quel nom donner à un pareil procédé?

Et lorsque les esprits dans Genève sont exaspérés en grande partie par ses écrits et ses menées, il conseille au duc de Choiseul de profiter des troubles pour envoyer des troupes qui s'empareront de Genève *à l'amiable* (48.43). C'est tout simplement une trahison pour un pays qui l'a admiré, accueilli, fêté.

Est-il maintenant excusable dans toutes les injures qu'il va vomir? (9.447—37.516— 39.118).

« Jean-Jacques Diogène aboie à nos beautés, préfère
» sa Suissesse qui se défait d'un faux germe (9.428). »

« Un autre fou paraît suivi de sa sorcière; »

« Je fais d'un gentilhomme un menuisier, je veux avec
» Jean-Jacques avoir une statue (10.468), ennemi de la
» nature humaine, avec la sorcière mégère, Harpie, il
» dit : qui est sensible est un sot; ensuite il met le feu
» au théâtre de Genève en s'écriant : bâtir est beau,
» mais détruire est sublime; comme un chien il jappe
» fuit et mord la main qui le caresse (11.240 et suiv. »

« Quand on connaît les inepties du Contrat social, on
» se contente de rire; l'opération de le brûler a été
» peut être aussi odieuse que celle de le composer (23.140
» et suiv.) »

« Philosophe des petites maisons, chien de Diogène,
» son roman est sot, bourgeois, impudent, ennuyeux
» (46.36). » « L'Emile, autre roman absurde qu'on ne
» peut lire; il y a un gentilhomme à élever, il en fait
» un menuisier (47.6). »

« C'est un coquin (48.109). » « Le plus méchant qui
» ait déshonoré la littérature (48.189). » « Je ne lui
» trouve aucun génie (48.206). » « Vous en faites un
» grand homme : ce n'est qu'un charlatan (48.253). »

« Tout cela est tombé dans la bourbe du fleuve d'oubli,
» avec les ouvrages extravagants de Jean-Jacques (54 349).
« Je l'ai beaucoup trop ménagé (48 201). » Nous
allons voir — « Il a une pension du roi d'Angleterre;
» un honnête homme ne l'aurait pas obtenue (54 272). »
« C'est le plus malheureux des hommes parce qu'il est
» le plus méchant (47 316). » « Il restera l'exécration
» de bons citoyens (47 323). » « Pourquoi conseille-t-
» il à Emile d'épouser la fille du bourreau ? pour se
» faire un ami dans l'occasion (48 193). » « Il cherche
» toute espèce d'élévation : son destin était sans doute
» d'être pendu (48 253). »

Peut-on pousser plus loin l'injure envers un rival
de Gloire !

SECOND GRIEF.
Voltaire persécuteur littéraire.

Injurier les gens, encore, passe; mais chercher à les
faire mettre en prison! pour un philosophe tolérant,
pour un ami de la liberté de la presse! c'est un peu
fort.

« Méritons l'envie, méprisons-la, en faisant tout ce
» qu'il font pour la faire réprimer (43 493). » « Les
» ministres d'état, chargés de maintenir l'ordre, doi-
» vent savoir qu'il est utile de refuter les calomnies des
» écrivains, » mais de quelle manière s'y prendre? Il va
» nous le dire.

« Si Malesherbes savait tout le tort qu'il se fait en au-
» torisant Fréron, il cesserait de protéger ces turpitudes
» (46 93). »

» On ôte les feuilles à Fréron; quand on saisit les
» poisons de La Voisin, on ne se contenta pas de cette
» cérémonie (48. 339). » « On aurait dû lui faire un
» procès criminel (54. 93). »

Desfontaines a écrit qu'il ne lui avait pas l'obligation
de l'avoir sauvé d'être brûlé vif. « Un outrage pareil ne
» saurait être souffert par la magistrature (43. 143). »
En souhaitant la bonne année au (43. 72) ministre Maurepas, il demande justice de ce Desfontaines; il s'adresse
à tous les puissants, à tous ses amis; « Je n'ai pas voulu
» le poursuivre, mais Hérault l'a menacé du cachot et lui
» a fait signer une rétractation (43. 196). »

« Plusieurs personnes trouvent étrange que Labau-
» melle soit tranquille à Paris et que je n'y sois pas
» (45. 49). » « Dans la pucelle de Labaumelle » (qui
est à peu près la sienne) « Il y a des horreurs contre le
» roi ; c'est un crime de lèse-majesté (45. 81). » « Le
» commandant a menacé Labaumelle des plus grands
» châtiments ; le devoir du ministre est de le punir
» (48. 393). Enfin cet écrivain accusé d'injure contre
le roi est exilé (10. 263). « Le gouvernement a été assez
» indulgent pour ne le mettre que deux fois dans un
» cachot (9. 473). » « Si cet honnête Labaumelle est de
» nouveau enfermé je n'en suis pas surpris ; il a dit : on
» s'allie plaisamment dans la maison royale (45. 49). »
Voyez le crime ! « Le vol des lettres de Maintenon pour-
» rait bien le faire mettre au carcan. (44. 226). »

« L'écolier Clément est en prison pour des satyres
» (10. 510). » « St-Lambert l'a fait mettre au fort l'E-
» vêque (39. 449). » « Cet écrivain a dit que le pâtissier
» Mignot était mon oncle ; il a déjà été en prison : on
» peut l'y remettre ; écrit Voltaire à Maurepas (50. 347). »

» Il m'importe de savoir si l'on a mis à la Bastille l'au-
» teur de l'Almanach du Diable. (43, 33) »

Supplique à la reine pour que l'on supprime une pa-
rodie de Sémiramis, « qui le ferait mourir de honte (13.-
» 490). » « Si j'ai écrit cette capucinade, c'est à une
» capucine (43. 494). »

« Ces misérables comédiens allaient jouer l'amant, où
» il y a cinquante vers contre moi (44. 16). » Il a bien
su les empêcher.

« Mme Denis écrit à Malesherbes, à d'Argenton, pour
» empêcher l'impression d'un scandale contre moi
» (44. 409). »

« On ne jouera pas cette infâmie du satyrique ;
» j'ai fait parler à M. Sartine ; il était temps (54.
» 359). »

« Quelques ministres de Lausanne s'étaient avisés de
» compiler je ne sais quel mauvais livre contre moi ;
» j'ai trouvé, sans peine, le moyen de faire saisir les
» exemplaires et de les supprimer par autorité du ma-
» gistrat (1. 245). »

« On a joué une farce où l'on se moque de la dé-
» dicace de Zaïre à Falkener ; il est indigné que les

» magistrats n'aient réprimé cette licence (2. 413). »

» Est-il possible que l'on laisse jouer cette farce des
» philosophes de Palissat (54. 63). » On avait bien permis l'*Ecossaise*.

« Ce qui le console, on peut donner à Palissat des
» coups de bâton (54. 78). »

« Grasset a fait imprimer un libelle abominable
» contre les mœurs, contre la religion, contre le
» bon ordre; refusez-lui votre protection (45. 263). »
Quelle vigilance sur les mœurs !

Mais voici le bouquet : « Grasset a un manuscrit con-
» tre moi, engagez-le à l'adresser directement à moi
» (44. 413). » « Il est venu m'offrir son manuscrit; j'ai
» j'ai déféré le coquin; il fut pris, banni, son manuscrit
» brûlé (44. 408 — 440. 435. 433. 431). » « S'il re-
» vient il sera pendu (44. 437).

Que dites-vous de ce tour ?

« Ah ! on est bien heureux d'avoir affaire à des phi-
» losophes qui ne peuvent se venger que par le mépris
» (46. 90) » Cependant ne vous y fiez pas trop. « Je
» trouve inexcusable de laisser jouir Fréron du fruit de
» ses crimes : quand on a des armes pour tuer une bête
» puante, il ne faut pas les laisser rouiller (54. 358). »

« Quant à moi, si j'avais cent mille hommes je sais
bien ce que je ferais (46. 89). » « Et moi aussi je le com-
prends, réplique Frédéric : vous feriez marcher votre
armée contre Desfontaines et contre bien d'autres, ajou-
terions-nous (52. 420).

Et après tout ce que nous venons de lire, il a le front
de s'écrier : « Si j'avais servi à opprimer un homme de
lettres, je serais trop coupable. (48. 94). »

TROISIÈME GRIEF.
Voltaire flatteur des puissants.

Il commence par le cardinal Dubois. « Richelieu était
jaloux de sa gloire (9. 310). » Il s'intéresse à sa santé ;
« on n'espère pas qu'il vive longtemps (42. 106). » Il
ne trouve rien à dire contre son ministère. « Cette fortune eut excité l'indignation ; mais elle ne fût que ridicule ; le duc d'Orléans ressemblait à ce pape qui fit son
porte-singe cardinal.

Un premier ministre qui vend son pays à l'Angleterre méritait d'être stigmatisé plus sérieusement.

Puis vient Richelieu. C'est son héros : nous le connaissons ; il a un beau fait d'armes la prise de port Mahon ; mais voleur dans le Hanovre, sceptique persécuteur des protestants en Languedoc, libertin débauchant Louis XV dans sa jeunesse, l'entretenant dans le vice pendant sa vieillesse, il finit misérablement dans les orgies en Guyenne.

Pour Voltaire : « Vous n'avez pas d'égaux dans le monde ; vous avez été à la gloire par tous les chemins (44.58). » « Parfait courtisan, il s'est rencontré grand prince (43.157). » Il est plus grand que le cardinal Richelieu, il est plus aimable (9.405). » « Je ne conçois pas comment on laisse inutile le seul homme qui eût rendu des services (45.350). » « C'est le seul homme capable de fermer les plaies de la révocation de l'édit de Nantes ! (50.205). » « C'est le rival du conquérant de l'Inde (11.407). » « Cependant il ne peut s'empêcher d'avouer que le vainqueur de Mahon et des belles femmes finit désagréablement sa carrière (51.126). » « Mais enfin, il était directeur des plaisirs de la Cour et des comédiens ; il fesait jouer les pièces de Voltaire ; il fallait le ménager.

C'est surtout pour les rois qu'il a de la faiblesse.

« Mon vaisseau fit naufrage aux mers de ces Syrènes (11.24) »

Catherine, Messaline toute puissante, fait assassiner son mari par ses amants, fait étrangler un prétendant vaincu, respecté par ses prédécesseurs, commet le crime du partage de la Pologne, dont l'Europe saigne encore. Ah ! si elle avait été une reine catholique comme on lui aurait reproché ces crimes? Mais elle fait quelques avances aux philosophes ; aussi « C'est du Nord aujourd'hui que nous vient la lumière (9.438) de la Minerve du nord (11.347). » La raison et la vérité parcourant la terre « ne trouvent rien de bien que Catherine (37.220 » « Tu cherches un vrai sage va la trouver (11.420). » « C'est ce qu'il y de plus admirable (12.54). » « Pierre avait créé des hommes, elle avait créé des amis (37.287). »

Ce n'est pas que notre auteur ignore ce qu'on dit d'elle. « Faites bonne réputation à ma Catherine elle n'a

4

aucune part à la mort de son mari et d'Ivan (49.21). »
« On lui reproche quelques bagatelles au sujet de son
mari (48.362). » « Mais l'autre Sémiramis ne valait pas
celle-ci, l'autre Ninus n'était qu'un vilain ivrogne (48.
229). » « C'est le paradis terrestre là où est Catherine
(51.42). » « Elle est si tolérante ! elle s'empare de la
puissance du clergé russe, lui prend ses domaines et
ses serfs pour les réunir à ceux de la couronne; elle exile
un métropolitain qui prétend que les rois ne doivent
pas être maîtres de la religion ; elle chasse les jésuites,
des capucins qui n'avaient pas voulu enterrer un catholique mort en refusant les sacrements (54.310.316).

Elle n'est pas seulement tolérante chez elle, elle fait
aussi de la propagande. Elle envoie une armée en Pologne pour y établir la tolérance (26.411). » « Ce qui sera
non-seulement un bonheur pour le pays, mais pour le
genre humain (51.316) » « Polonais, vous serez fortunés
malgré vous (9.503). » « Et ces malheureux qui au bout
d'un siècle n'apprécient pas leur bonheur! « Gloria in
excelsis (51.375). » « Je me réjouis que les dissidents
aient gagné leur procès, cela me rend bien fier
(51.465)!

« Il est vrai qu'en prenant le noble parti de détruire
l'anarchie en Pologne, elle commence par prendre ce
qu'elle croit lui appartenir (51.451). » « Le roi de Prusse
ayant composé un poème héroï-comique, sur ces événements : « Il est plaisant de détruire les gens et de les
chanter ; que les voisins se partagent ce gâteau. Je me
sais bon gré d'avoir vu ces événements (53.264.267). »
Voilà la l'oraison funèbre de la Pologne!

Cependant il a quelques scrupules. « Je fus attrapé
» comme un sot quand je crus que Catherine s'enten-
» dait avec le roi de Pologne (53. 345). » « C'est une
» chose assez plaisante de soutenir la tolérance les ar-
» mes à la main (53. 345); » mais il est bientôt ramené dans la bonne voie. Des français ont été soutenir le
reste des polonais qui se débattent sous la domination
étrangère ; Voltaire écrit à l'impératrice : « Voilà une
» plaisante croisade (51. 438) ; » « il est honteux qu'u-
» ne trentaine de blancs-becs français aient l'imperti-
» nence de vous faire la guerre 51. 428). » Heureusement, répond Catherine, que j'ai pour leur folie un re-

mède qui croît en Sibérie (51. 447). Peut-on entendre
sans émotion un pareil dialogue ?

Passons à une autre amitié princière ; écoutons les
déclaration Frédéric : « La *Henriade* est de beaucoup
» supérieure à l'*Illiade* et l'*Odyssée*, vous êtes les délices
» du genre humain (52. 44); » « si toute la nature hu-
» maine n'avait pas pour vous la reconnaissance que
» vous méritez (52. 13); » « je vous regarde comme un
» présent du ciel fait à la terre (52. 54); » « le créateur
» aurait de la peine à produire un esprit plus sublime
» que le vôtre (52. 56); » « Dieu aurait besoin d'un
» Voltaire (52. 222).

Celui-ci répond : « Vous avez plus d'art que David.
» (9. 443). » « Vous aurez un trône auprès d'Homère
» (9. 508). » « Socrate est sur le trône (9. 361). »
» Vous êtes Titus, Achille, Homère (9. 366). » « Roi
» de gloire, mon sauveur (9. 396). » « Marc-Aurèle
» (43. 62). » « Rougissons de ne pas être aussi vertueux
» que le roi de Prusse (43. 256). » C'est assez difficile :
» Il est Dieu (9. 360). »

Mais vienne la brouillerie, le langage va changer :
Frédéric, votre « effronterie m'étonne, on verra si
» vos ouvrages méritent des statues (53. 107). »

Voltaire : renvoyant croix, clefs et rubans comme
un amant à sa maîtresse ; « et je l'ai appelé le Salomon
» du Nord 44. 247. » « Il est pétri de passions (11. 78). »
« Les épithètes ne nous coûtaient rien ; il me traitait
d'homme divin, je le traitais de Salomon (1. 169).

Puis viennent la description de la chambre où se te-
naient les séances philosophiques, décorée comme ne le
fut jamais mauvais lieu de la pire espèce ; le récit des
sales amours du prince (1. 181); le tableau de sa cour
où se trouvait « Freytag sorti du carcan pour servir le
» roi de Prusse (1. 199). » « Van Daren fripon de pro-
» fession, banqueroutier d'habitude (1. 201). » « La-
» métrie, faisant imprimer tout ce qu'il y a de plus hon-
» teux sur la morale. » « Ces ouvrages plaisaient au roi
» qui assure 600 livres de pension à une fille de joie
» qu'il avait amenée de Paris (1. 195). » En parlant avec
si péu de retenue contre son ancien ami, il allait
contre ses principes. « C'est le comble de la lâcheté
» d'écrire contre un prince à qui on a appartenu 45. 73).

Dans la suite il y eut une réconciliation ; elle n'empêcha pas Voltaire de prédire en se réjouissant que le roi de Prusse serait écrasé par son ennemi. « Si le poète « roi ne meurt pas de la lèpre, dont son âme est plus » attaquée que son corps (43, 464). » « Il va être mis » au ban de l'empire (45. 464).

Frédéric l'admoneste vertement. « Votre grand génie » se souille par la calomnie (53. 151). » « Si j'avais su » tout ce qui s'était passé, vous ne vous en seriez pas » tiré si bien (53. 152). » Et comme on voulait que Mme Denis qui avait souffert quelqu'affront reçut quelques excuses. « Votre nièce m'ennuie (53. 152). » « La tolé- » rance n'excuse pas l'effronterie. » Et Voltaire prend tout cela avec patience! lui si irascible avec les critiques; mais il faut être indulgent avec les princes; il l'est beaucoup avec Louis XV. « C'est le plus aimé des rois com- » me aussi le plus grand (11. 169). Le soleil est timide » en face de Louis (4. 198) » « Il va ainsi que votre roi » recommencer son cours pour le bonheur du monde » (4. 200). » « Son grand nom sera vainqueur du temps » (11. 396). » Ce ne sont pas seulement des français qui ont ces sentiments. « Des étrangers ont pleuré de » tendresse en voyant son portrait (10. 439). Aussi sa » mémoire nous sera toujours chère ; son cœur était » bon 39. 30). » Flatteur du roi vivant, il l'est aussi du roi mort.

Tout le monde sait que Louis XV est mort de la petite vérole que lui transmit une petite fille, dernière victime de ses turpitudes. Voici le tour qu'il donne à ce fait · il passait près du convoi d'une petite fille morte de la petite vérole; c'est là qu'il prit cette maladie (17. 764). Il ne fait aucun reproche à ce prince de ses persécutions religieuses; il n'avait accusé presque que les ministres de Louis XIV de la révocation de l'édit de Nantes; il aime tant « l'auguste famille qui règne depuis 13 siècles; si » dans 30 siècles elle venait à manquer d'héritiers! » (23. 339). » Il est d'ailleurs excellent royaliste, « Tous » les princes sont les images de la divinité (42. 408). » « Les rois tiennent leur autorité du peuple. On a ré- » pondu à ces déclamateurs : de 65 rois leurs ancêtres » (50. 405). » « Le peuple ne saurait les destituer

» (23. 148). » Aussi il est fâché que la Pensylvanie se
soit révoltée (51 52).

Mais il lui faut une vrai monarchie, pure de tout al-
liage. « Le plus grand malheur est quand le législatif est
vaincu ; ce qu'il y a de plus heureux, c'est quand les
rois gouvernent par eux-mêmes (23. 5). » Il aime donc
les rois d'instinct, de raison aussi ; il veut qu'ils soient
amis avec les philosophes, quoique cependant il n'y ait
pas toujours lieu de « se flatter de pareils élèves (54.
204). » « Les prêtres sont odieux dans ce livre ; mais les
rois aussi ; rien de plus maladroit (46. 299). » Il turlu-
pine Pompignan, disant que la philosophie attaquait le
trône et l'autel (37. 260). « Au contraire la religion sou-
lève les orages, la philosophie les apaise (29. 273). »
« C'est l'intérêt des rois que le nombre des philosophes
augmente, et celui des fanatiques diminue. »

« Nous sommes soumis et tranquilles ; ils sont pertur-
bateurs (45. 503). » « Ces cuistres ignorants qui détes-
taient les philosophes n'aimaient pas les rois (11. 495). »
« C'est du gouvernement que doit partir la condamna-
tion de l'infâme (53. 375). » En effet : « Pour accuser un
roi le prêtre abuse du commerce des dieux (291) » « La
religion fait assassiner les princes (11. 331). » « Des
théologiens d'enfer ont mis le couteau à la main des
parricides (11. 338). »

« Arrêtez-vous sur le cadavre d'Henri IV d'Allemagne
exhumé par son fils, voilà l'ouvrage des forgerons et
des bûcherons de la populace superstitieuse 11. 37). »
« Henri III et IV, Louis XV assassinés, et la France
qui aime tant ses rois ! (17) »

Dans un moment d'enthousiasme philosophique,
Voltaire, pour convaincre les rois, veut fonder une
ville habitée par la philosophie ; il s'adresse à Frédéric, qui lui accorde la ville de Clèves avec ses dépen-
dances (52. 182). Il se met aussitôt à l'œuvre ; mais
bientôt il est obligé de s'écrier : « Quand je songe à
ce qu'a fait un fou St-Ignace, et moi qui n'ai pas pu
réunir trois philosophes (53. 495). » C'est dommage;
on aurait vu de belles choses ; Mais s'il échoue, ce
n'est pas la faute des rois qui y ont mis de la bonne
volonté ; il faut donc les aimer, les ministres aussi.

On ne se fera pas scrupule de se faire bien venir

de leurs maîtresses. « Les ministres ont quelques ca-
tins auxquelles on peut toujours s'adresser (50 304). »
« Connaîtriez-vous un Boulogne ou sa maîtresse (51. 187). »
Alors il pourra dire : « Les croix de St-Louis, les bre-
vets, les pensions pleuvaient à ma requête (50. 84). »

C'est tirer, de son amour des puissances, de ses flat-
teries, un parti assez innocent : ce qui l'est moins ,
c'est de menacer ses ennemis, de dire « hautement
on a des amis : il est une justice qui s'élève au-des-
sus de la justice. Les commis seront punis d'avoir fait
leur infâme devoir (48. 256). » « D'espérer que, dans
un procès qu'il a, l'avocat du roi portera seul la parole;
la bienséance exige que l'on ferme la bouche à l'avocat
de la partie adverse ; un plat bouffon qui déshonore
l'audience (43. 467). »

Si l'on a affaire avec un Jore ou tel autre, on en aura
raison avec des protections. Cependant il avoue avoir
un peu de honte d'avoir ainsi recours au pouvoir ar-
bitraire.

QUATRIÈME GRIEF.

Voltaire aristocrate.

Nous l'avons surpris au commencement de cette étude
avec quelques velléités démocratiques; mais au fond il
n'aime que la noblesse, se glisse, se faufile avec elle, vit
avec les grands seigneurs ou ceux qui vont avec eux, vit
grâce à leur fortune; et lorsque lui-même est devenu
le roi Voltaire, il aime surtout à recevoir les princes et
les marquis ou les grands orateurs et les grands auteurs.
Il veut que l'on ait pour eux les déférences et les res-
pects.

« N'irritez pas une famille puissante (40.10). » « Le
monde fourmille de ces polissons qui s'érigent à juger
des rois, des généraux d'armée (49.19), et des grands.
Ce sont dans leurs greniers des dindons qui se rengor-
gent (48.266). »

Ils seraient excusables s'ils habitaient des palais :
c'est là où lui se plait, aussi est-il chambellan, valet ou
gentilhomme de chambre de Louis XV, de la Pompadour, du roi de Prusse. Et chez lui il est seigneur de
village, intraitable sur ses prérogatives, se faisant donner

l'encens, rendre le pain bénit dans sa paroisse, ne négligeant pas ce qu'il y a de meilleur dans les droits féodaux. « J'ai obtenu le privilége de ne rien payer du tout (46.288), vivent les priviléges. — Les officiers et les juges achètent leurs charges et ne se tirent pas mal de leur affaire (36.94). » « Malheureusement le serf affranchi s'est mis à la place de son maître, il faut l'empêcher de trop acheter des terres, surtout des seigneuriales (35.74). »

« Egalité absurde qui confond le serviteur et le maître, le manœuvre et le magistrat, le plaideur et le juge (13). Je ne connais que Rousseau à qui on doive ces idées d'égalité et d'indépendance (50.33). » « Nous sommes hommes également, mais non pas membres égaux de la société (23.16). Le genre humain ne peut subsister s'il n'y a une infinité d'hommes pauvres qui ne possèdent rien. L'égalité, la chose la plus naturelle et la plus impossible (32.301). » « Serf, amuse-nous, dit le riche au pauvre, ou va demander l'aumône (32.299). »

Lefranc de Pompignan dit au roi de sortir de Versailles pour voir la misère du peuple, le roi a été bien clément de lui pardonner (10.438).

« Le monde est un composé de fripons, excepté un petit troupeau, la bonne compagnie, riche, bien élevée, polie, la fleur du genre humain (29.199). » Mais au moins désirez-vous voir augmenter le nombre de ces gens instruits? non. « Je vous remercie de proscrire l'étude chez les laboureurs (46.488), » « ces vils humains, moins hommes qu'animaux (3.363). »

» Aussi détruisons l'infâme chez les honnêtes gens; laissons-la pour la canaille (49.406). » « Que la populace reste toujours dans une profonde ignorance (29.17). Quand elle se mêle de raisonnement tout est perdu (48.58). » « La canaille restera toujours canaille (54.278). Pour elle le plus sot ciel et la plus sotte terre (54.318). »

« Je suis très-sensé d'acheter un nègre et de le faire travailler à ma sucrerie (29.237). »

Et maintenant, démocrates, élevez des autels?

CINQUIÈME GRIEF.

Voltaire écrivain licencieux.

Il se laisse aller à des écrits où la pudeur est blessée ; voyez la *Fête de Bellesbat*, adressée à Mlle de Clermont (8. 279) quelques-uns de ses contes, des vers badins, le poème de la *Pucelle ;* on pourrait dire que l'impudence, l'insolence des mots est plus grande encore que les images ne sont licencieuses. Ces ouvrages ne sont pas très-dangereux pour des gens d'un certain âge, peuvent plaire à des libertins blasés ; mais tout honnête homme s'abstiendra d'en écrire, de crainte qu'ils ne tombent dans les mains de la jeunesse, ne causent des maux souvent irréparables, physiques et moraux. C'est surtout les maximes fausses dont ils sont remplis qui doivent les faire proscrire ; ainsi chez notre auteur, perverti par les exemples de son temps, il n'y a plus de sens moral. Son amitié la plus constante est pour Richelieu, dont il loue, admire les mœurs et le sérail (9. 416) ; il a des compliments pour toutes les maîtresses princières ou royales ; il dédie l'*Indiscret* à la marquise de Prie (1.231), compte sur son amitié (42.110), fait de jolis couplets sur la Pompadour, traduit pour elle le *cantique des cantiques* (45.279), parle avec elle de ce que l'on ne doit pas censurer, qui doit faire le charme des honnêtes gens (43.466), reçoit et rend au portrait les deux baisers de la Dubarry (50.294).

Instruit par de si beaux exemples, il est entre le marquis du Châtelet et la marquise (52.379), plus tard s'y joint Saint-Lambert. Il se retire dans sa chaumière comme Philhémon et Baucis (46.406), avec sa nièce qui a l'idée « de faire peindre de belles nudités pour ragaillardir sa vieillesse » (45.123).

Il n'y a rien là qui doive choquer une femme qui a un amant, le mari une maîtresse (36.97), ce sont deux couples parfaits. « Une femme que l'amour engage est un sage si elle est honnête homme (9.417), tout le monde sait cela. Cependant il n'est pas permis à un philosophe de dire qu'il est de droit naturel de coucher avec la femme de son voisin (46.388). » Vous n'admirez pas cette retenue philosophique ?

Cet oubli de toute pudeur, de toute convenance, lui a fait commettre une action déplorable qui s'attachera toujours à sa mémoire, insulter, bafouer, mêler à une orgie licencieuse la vierge qui mourut pour son pays, et cependant il aimait la courageuse jeune fille qui chassa les anglais; il devait défendre la victime de l'inquisition, mais il est ennemi de tout idéal, il raille chez elle la fille simple, la vierge chrétienne et mystique, la gloire en France de cette religion qui est l'objet de ses sarcasmes.

SIXIÈME GRIEF.

Voltaire outrageant les Prêtres.

Ce n'est pas lui qui commence l'attaque; il se plaint au contraire des libelles qui le traitent d'homme sans religion; il est bien malheureux; il est persécuté (3.262): « Je suis né Français et catholique. Je ne crois pas que » dans mes ouvrages il y ait un seul mot qui démente » ces sentiments (21). » Il veut être de l'Académie; il se déclare bon chrétien et royaliste (43.346), même il est ami des jésuites (39.111).

Il en est aux coquetteries avec le pape; lui dédie *Mahomet*. « J'ait dit au pape que je n'ai jamais cru plus fer- » mement à son infaillité (43.119). » Une demoiselle et un abbé lui font obtenir des médailles (43.119) : « J'ai » reçu le même jour les reliques de Rome et le portrait » de la Pompadour (46.223). Ma destinée est de » bafouer Rome et de la faire servir à mes peti- » tes volontés (46.148). »

On trouverait cette conduite un peu légère; voici bien pis : Il se fait donner un certificat comme il remplit tous les devoirs de la religion (39.297). S'il y était forcé? Mais non; en sûreté à Fernay et à Genève, c'est par pure plaisanterie.

« Je me préparerai à tout en faisant mes Pâques dans » ma paroisse (45.343). » « Je vous quitte pour aller à la » messe de minuit (46.59). » « Je vais à la messe de pa- » roisse, j'édifie mon peuple, j'y communie (46.59), je » fais régulièrement mes Pâques; je communie comme » seigneur (49.64 et 5). »

Il se fait porter le viatique dans sa chambre; monte

en chaire; à une correspondance, à cette occasion, avec
l'évêque d'Annecy, où le tact, les convenances, même
l'esprit et le bon sens ne sont pas de son côté.

Il se fait affilier au Tiers-ordre de saint François; je
suis frère capucin, frère indigne et des plaisanteries
plus ou moins fines pendant plusieurs mois (54.339).

Cependant, même de ses amis, disent du mal de ses
Pâques (54.299); on a tort : c'est le grand seigneur qui
veut laisser la religion à la canaille.

Ces profanations, ces capucinades, ont pu paraître
d'excellentes farces dans leur temps; même elles peuvent être encore du goût de quelques personnes; mais
un homme d'honneur doit dire ce qu'il pense, agir
comme il pense, et ne pas tourner en dérision indécente
ce que les autres pensent.

Venons au sérieux de ses attaques : il s'y prend mal;
la fureur l'aveugle; il ne veut rien voir de ce que la religion peut invoquer en sa faveur; il refuse de recon-
naître que le christianisme ait eu des martyrs. Les Ro-
mains ne les punissaient pas comme chrétiens, mais
comme factieux (54.299). Caveyrac vint justifier la
Saint-Barthélemy et les guerres de religion en disant
qu'elles n'étaient que des faits politiques. Voltaire s'indigne et cependant c'était absolument sa même manière
de raisonner.

A la religion des sens et de la chair, le christianisme
avait fait succéder celle de l'esprit et du cœur; elle avait
remplacé la cité antique, jalouse, morcelée par la cité
céleste, religieuse, universelle; il avait civilisé les bar-
bares, répandu partout les idées de fraternité, donné un
nouvel élan, de nouvelles vues aux beaux arts, à la
poésie, à l'éloquence. Voltaire ne voulait rien recon-
naître; ne sentit pas le progrès immense que l'humanité avait fait; un beau génie vint relever ces erreurs;
Chateaubriand ouvrit aux fidèles chrétiens un avenir
dégagé de beaucoup de préventions et mit en lumière le
beau côté méconnu du christianisme.

Et son adversaire implacable sembla un moment l'a-
voir bien servi; mais ce n'est pas ce défaut de convenance, de tact et de justice dans sa polémique que nous
lui reprochons; c'est lorsqu'il s'écrie : Ecrasons l'infâme,
qu'il fait de ce mot le signe de ralliement de la philoso-

phic; on pourrait passer s'il ne s'agissait que d'anéantir le fanatisme; mais il va plus loin : « Que la paix se fasse » aux dépens de l'église.—*Delenda Carthago* (48.7). C'est donc au clergé et on peut dire à toute la religion qu'il en veut.

Eh bien, lorsque l'on traite d'infâme la doctrine et la personne de ses adversaires, qu'on parle d'écraser par métaphore, on est bien près de vouloir le faire en réalité. Les citations qui suivent vont nous le prouver :

« Un religieux. O mon fils, cher enfant de la stupi- » dité (10.472). » « Porc engraissé des dîmes de Sion » (11.149). » « Ecoutez les hurlements des chiens de » Saint-Médard (23.269). » Il suppose que le parlement réuni au clergé en condamnant des ouvrages à être brû- lés, a ordonné de jeter les auteurs dans les mêmes flam- mes (51.111). Il suppose également une lettre qu'aurait écrite Letellier et dans laquelle il aurait dit qu'il fallait emprisonner, tuer les jansénistes et les protestants (24.102). Ces calomnies étaient des moyens odieux d'at- tirer la haine et la vengeance sur la tête de ses adver- saires.

« Je travaille à faire chasser la canaille jésuitique » (54.171). » « Les jésuites sont exilés; c'est bien » (20.269). ». « Il vaudrait mieux brûler un prêtre que » d'ennuyer le public (42.346). » « Quand vous les » aurez bien écorchés, salés, marchez-leur sur le ven- » tre en passant (54.290). » « Un mousquetaire pro- » posa de brûler le couvent; un plus modéré pria d'at- » tendre deux ou trois ans (56.635). » « Je suis oc- » cupé à procurer à un prêtre un emploi dans les galè- » res; si je peux, faire pendre après un prédicant » (46.53). » « On m'écrivait que le chose de Portu- » gal conservait 20 jésuites pour les faire pendre, mais » ces bonnes nouvelles ne se confirment pas (45.319). » » Je vous ai envoyé à la chasse au prêtre, je ne mets » pas mon curé au rang des bêtes puantes; il peut ser- » vir de piqueur pour la chasse aux renards (46.149). » » Il y a au Conseil de Genève trois ou quatre coquins, » dévots fanatiques qui ne sont bons qu'à être jetés dans » le lac (47.44). » « Un adepte espagnol brûlerait le » grand inquisiteur s'il en était maître (47.379). » « On » dit que ces jésuites ont amené deux cents petits gar

» çons et deux cents chèvres ; il ne serait pas mal qu'on
» envoyât chaque jésuite au fond de la mer avec un jan-
» séniste au cou (48.476). » « On mettait des singes et
» des chats dans un sac et on les jetait à la mer (49.10). »
» Tout le monde crie dans les rues de Paris : mangeons
» du jésuite (45,224). » « On dit qu'on a roué le père
» Malagrida ; Dieu soit béni (45.344). » « Enfin il fau-
» drait étrangler le dernier des jansénistes avec les bo-
» yaux du dernier des jésuites (46.122). »

Et c'est un Français, un philosophe, un ami de l'humanité et de la tolérance qui pousse ces cris féroces ?
Pendant les journées de septembre, à l'abbaye, ne se serat-
il pas trouvé un assassin qui aura voulu faire de san-
glantes vérités de ces horribles plaisanteries ? De tels
excès de paroles, suivis de tels excès d'action, ont fait
reculer bien des esprits honnêtes, timides, délicats ; ils
ont ramené aux idées de religion. Mais bientôt de leur
côté des excès de zèle leur ont fait commettre des fautes
politiques et religieuses.

Ainsi, au lieu de s'en tenir à l'essentiel, à l'adoration
de Dieu en esprit et en vérité et à l'amour du prochain,
on a créé un dogme nouveau, l'immaculée conception,
affermi le pouvoir temporel, fait des alliances princières,
béni le parjure, retrouvé processions, missions, appa-
ritions, confessions, pénitences, indulgences, jeûnes,
maigres, les saints et saintes et leurs reliques ; moines
et religieuses, madones, calvaires, scapulaires, rosaires,
toutes choses qui ont relevé et ranimé les fils de Voltaire ;
ce n'est pas d'eux cependant que nous aurons la vérité,
s'ils s'en tiennent à la dernière parole du maître.

SEPTIÈME GRIEF.

Voltaire philosophe fataliste.

La religion détruite, il veut mettre à sa place la philosophie ; mais laquelle ? Ce ne sera pas celle de Des-
carte : « Tout est faux chez lui (43,195). » « Sa philosophie n'est fondée que sur des chimères (10.512). »
Ni de J.-J. Rousseau, quoiqu'il soit ennemi de Rome et
de Genève : « Comme nous l'aurions aimé, s'il n'avait
pas été faux frère (46.381). » Mais il croit à la Providence.

Voltaire y avait cru, lui aussi ; mais, comme il nous le dit lui-même, « il fait tout par pure vanité (49.480). » Il vit au milieu du sceptique Dalembert, de l'athée enthousiaste Diderot, de matérialistes de plus bas étage, Maupertuis, Lamétrie, Helvetius, d'Olbach ; « bien des philosophes me siffleront, m'appelleront esprit faible (26.199). »

Aussi, lorsqu'il vient de protester contre les excès philosophiques, a-t-il bien soin d'insinuer « que si on pesait ses paroles, elles ne doivent déplaire à personne (49.483). » Pour leur complaire, il met en doute l'existence de Dieu (29.96) : « S'il est un Dieu (9.801). » « Dieux justes s'il en est (9.499). » « Il faut s'abandonner à la Providence, Providence s'il y a (54.140). » Mais non ; il n'y a pas de Providence, il n'y que des lois générales (35.74). Au surplus : « Jupiter, tu fis, en nous créant, une froide plaisanterie (9.507). » « La nature se moque des individus (49.51). »

On voit que Dieu ainsi compris ne doit pas gêner beaucoup les philosophes qui ne croient pas en lui ; mais que pense Voltaire de ce qui nous touche le plus près, de notre destinée, de notre âme, de la vie à venir ?

« Si tout n'est pas détruit ; s'il est vrai que tu sois ? (9.325). » « Chacun est parti du néant : Où va-t-il ? Dieu seul le sait (9.506). Ce n'est là qu'un doute, dont nous pouvons trouver la solution dans l'existence de notre propre nature. Loke la lui a fournie lorsqu'il a dit que Dieu peut donner la pensée à la matière (11.79). C'est sur ce thème qu'il joue longtemps ; ce système sauve tout ; car enfin, si Dieu peut donner l'esprit à la matière, il peut aussi donner l'immortalité à l'esprit (26.53).

Il ne reste pas sur cette équivoque ; la matière seule existe avec ses propriétés ; « à proprement parler nous ne vivons pas aujourd'hui ; nous serons après la mort ce que nous étions avant (47.190). » « Mon département est l'abîme du néant où je vais bientôt entrer (54.61). »

C'est là, ce qu'il dit vieux, infirme ; après toutes ses variations c'est sa dernière profession de foi ; son Dieu n'est donc pas un Dieu rémunérateur. La vertu qui n'a pas trouvé le bonheur sur la terre n'en sera pas dédommagée après la mort ? « C'est vouloir lui donner un vil mo-

tif; elle n'a pas besoin de récompense (4. 108). » « Le
crime heureux ne sera pas puni ? « Le remord suffit au
criminel (29.180). » Ce n'est pas sérieusement qu'il
parle ainsi. « Il y a un malheur à ma tragédie de Mahomet : elle finit par une pantalonnade; il est donc des
remords (44.119). »

Les remords, une pantalonnade !

Il est conséquent avec les notions qu'il va nous donner sur notre âme. Elle est un de nos sens (10.63).
« L'âme est le résultat de l'organisation (26.53). » C'est
parler en savant docteur parisien. « On est partagé entre la mortalité et l'immortalité de l'âme ; on convient
qu'elle est matérielle, donc elle est périssable (26.122).»
« L'âme peut ne pas être immatérielle (25.51). » « Les
bêtes pensent ; elles sont matière ; donc l'âme est matière (42.402) » « L'âme n'est-elle qu'un composé des
quatre éléments (9.499). » « J'attribue ma pensée aux
cinq sens (53.382). » Il finit tous ces beaux raisonnement bien nouveaux, bien irréfutables par cette formi-
dable plaisanterie : « l'âme immortelle placée entre....
Prodigieusement ridicule ! (48.75). »

« Mais non ; nous n'avons pas d'âme ; c'est le système
le plus hardi, mais le plus simple (26.215). » Alors
comment vivons-nous, pensons-nous ?

« Dieu fait toutes nos idées (33.416). » « Nous
ne sommes entre ses mains que des automates pensants
faits pour aller quelque temps et puis c'est tout (44.121).
« Rien ne dépend de nous, nous sommes des horloges,
des machines (44.345). » « Des petites roues de la
grande. Heureuses les machines qui s'entendent (47.
190). » « L'astre ne peut pas dire, je tourne par ma propre force, ni l'homme je pense par mon propre pouvoir
(29.178). » « Chacun obéit à son intérêt, comme le che-
val et le mouton suit les lois éternelles de sa nature (39.
458). » « On propose aux hommes de dompter les passions, empêchez-les seulement de prendre du tabac
(39.460). »

Nous ne sommes donc pas libres; il n'y a pas de liberté quand on ne peut faire ce qu'on veut ; ainsi le pri-
sonnier, pour autant de désir qu'il en ait n'est pas libre
d'aller courir les champs; et lorsque nous faisons notre
volonté, nous sommes entraînés par notre passion, par

notre raison, et nous ne sommes pas les maîtres de nous donner nos passions, nos pensées (25.42 — 33.177 — 34.128). « O liberté de toutes façons vous êtes une belle chimère (44.296). »

Et notre philosophe va tirer hardiment les conclusions de ces prémisses. « Il n'y a ni vice ni vertu; le vice est la maladie de l'âme; la vertu la bonne santé; on ne s'abandonne à toutes ses passions que par crainte des châtiments. » « Celui qui a une armée de cent mille hommes peut s'abandonner à toutes ses passions, il n'est jamais malade, toujours vertueux (26.71 — 136 et suiv.). »

En voilà un qui n'est pas partisan de la morale indépendante; en effet « pas de mal moral vis-à-vis de Dieu; comme si des chiens et des loups se battent; c'est une loi de nature, une loi de nécessité (31.229). » « Les animaux carnassiers se déchirent à la première occasion (23.25). » « Si on réprime les méchants, ce n'est pas parce qu'ils l'ont mérité, qu'ils » nuisent à la société. « C'est qu'ils sont prédestinés aux châtiments (26.137).» « Tout est égal au bout de la journée et surtout au bout de toutes les journées (48.227). » « Si Néron est parricide, si Alexandre VI est incestueux, assassin, cela n'est pas plus important à l'être universel que des moutons mangés par des loups! (26.189). » « Celui qui dépouille et égorge un voyageur, obéit à Dieu! (29.180). »

Et c'est vous, Voltaire! « qui aviez la fièvre le 24 août, jour de la St-Barthélemy; qui tombiez en défaillance le 14 mai, jour de la mort d'Henri IV! » Pure comédie, puisqu'il n'y a nulle différence entre les ligueurs assassins et les huguenots martyrisés.

Entre Henri et Ravaillac!

Oh! vous qui élevez cette statue, hâtez-vous de protester contre des doctrines aussi absurdes que désolantes, ou détruisez les lois; ne demandez plus au jury si l'accusé de vol, de viol, de parricide est coupable; il n'y en a plus, là où il n'y a pas de Liberté.

Garcin, Septembre 1867.

C. POIRÉE.

Imp. Quillot, à Agen.

www.ingramcontent.com/pod-product-compliance
Lightning Source LLC
Chambersburg PA
CBHW060751280326
41934CB00010B/2438